Elisabetta Rossini e Elena Urso sono pedagogiste, autrici di libri per genitori e per bambini e titolari di uno studio di Consulenza Familiare a Milano.

www.consulenzafamiliare.com

Consulenza Pedagogica Rossini-Urso

Dalle stesse autrici

CE

© 2017 by Gruppo EDICART
Gruppo EDICART è un marchio Gruppo EDICART
via Jucker, 28 - Legnano (MI) Italia
Testi di *Elisabetta Rossini* e *Elena Urso*
Illustrazioni di *Elisabetta Rossini*

www.consulenzafamiliare.com
Consulenza Pedagogica Rossini - Urso

www.edicart.it

Elisabetta Rossini   Elena Urso

AD OGNI BIMBO il suo DUDÙ

Una storia per la buonanotte, una storia per giocare,
una storia per vivere e affrontare le paure.

EDICART

Come ogni sera, il bimbo Dudù è nel suo lettino,
ma fatica ad addormentarsi
perché il buio gli fa un po' paura.
Ha bisogno del suo amico speciale, del suo fidato orsetto,
sul quale può sempre contare.
Così, per farsi coraggio, prende Orsetto
e lo stringe forte a sé.

Stringi forte anche tu il tuo amico speciale e...

Cominciamo insieme
una nuova avventura
ricca di sorprese!

Che meraviglia!
Stiamo entrando in un mondo incantato
da creare pagina dopo pagina.
Dudù e il piccolo Orsetto sono curiosi, passeggiano felici
e si divertono molto.
Aggiungiamo la loro graziosa casetta?

Tocca la casetta di Dudù e Orsetto e gira la pagina...

A Dudù e Orsetto piace tanto la loro allegra casetta!
Corrono e girano e saltano tutto intorno.
Ma possiamo fare molto di più:
possiamo aggiungere dei bei fiori
che danno gioia e profumano l'aria.

Annusa il fiorellino che vedi qua sotto...

Quanti fiori!
Peccato, però... Sono tutti bianchi!
Dudù e Orsetto ne cercano altri colorati, perché a loro piacciono tanto i colori.

Aiutali a trovarli: strofina il dito sui colori avanti e indietro e guarda cosa accadrà...

Quanti bei fiori colorati!
La forma, i colori e i profumi sono tutti diversi.
Cosa possiamo aggiungere ora?
Degli alberi alti e panciuti, che facciano ombra
a Dudù e Orsetto.

Allora premi forte l'albero e...

Ohhhhhh...
Hai schiacciato proprio forte, questo è un bosco fitto fitto.
Dudù e Orsetto sono curiosi e si inoltrano nel bosco:
vogliono giocare a nascondino.

Sono però distratti da strani rumori e frequenti fruscii.

Chi ci sarà dentro al bosco con loro?
Chiudi gli occhi e gira piano la pagina...

C'è un lupo terrificante con una bocca enorme spalancata, pronto a rincorrere Dudù e Orsetto.
Loro sono molto spaventati, non sanno cosa fare e provano a scappare.
Tu li puoi aiutare: guarda bene, troverai un palloncino verde.

Sfregalo per liberarlo, così Dudù e Orsetto potranno volare via.

Oh nooo...!
Ma sono troppo pesanti
e non riescono ad alzarsi in alto nel cielo e scappare.
Facciamo un altro tentativo per aiutarli.
Cerca con attenzione e troverai un tesoro luccicante:
è una polvere magica!

Soffiaci sopra più forte che puoi...

Che magia portentosa!
Lupo non apre più la bocca
e Dudù e Orsetto hanno meno paura.
Tu puoi fare ancora di più: fai come il vento!

Soffia fortissimo e guarda cosa accade...

Che vento magico e potente!
Hai trasformato Lupo in tanti batuffoli colorati,
così non tornerà mai più.
Dudù e Orsetto sono salvi
e hanno proprio voglia di tornare a casa.

C'è un modo molto veloce per aiutarli:

sussurra 

e guarda un po'...

Ecco, sono arrivati! Che favolosa avventura...
Dudù e Orsetto sono davvero felici, ma stanchi.
Adesso è proprio l'ora di fare la nanna.
Mancano solo le stelle
che vegliano sui sogni con la loro luce gentile.

Accarezza la stellina e gira la pagina...

Ops!
Tutte queste stelline sono ordinate come tanti soldatini:
facciamole giocare un po', così che riempiano il cielo!

Agita il libro e guarda cosa avviene...

Com'è bello il cielo pieno di stelle!
Sono tante amiche luminose che accompagnano i sogni.

Ora tocca il buio e spegni la luce...

Ecco,
il buio non fa più paura...

Chiudi il libro e sogni d'oro...